BEI GRIN MACHT SICH IHR WISSEN BEZAHLT

Die Rolle der Aufmerksamkeit in der Wahrnehmung. Theorien, Störungen und Alltagsrelevanz

Bibliografische Information der Deutschen Nationalbibliothek:

Die Deutsche Nationalbibliothek verzeichnet diese Publikation in der Deutschen Nationalbibliografie; detaillierte bibliografische Daten sind im Internet über http://dnb.d-nb.de abrufbar.

ISBN: 9783389096048
Dieses Buch ist auch als E-Book erhältlich.

© GRIN Publishing GmbH
Trappentreustraße 1
80339 München

Druck und Bindung: Books on Demand GmbH, Norderstedt Germany
Gedruckt auf säurefreiem Papier aus verantwortungsvollen Quellen

Das Buch bei GRIN: https://www.grin.com/document/1524028

„Fallaufgabe plus: Biologische Psychologie und Allgemeine Psychologie I"

10. Oktober 2024

Inhalt

Abbildungsverzeichnis

1. Einleitung

Aufmerksamkeit spielt eine entscheidende Rolle in der menschlichen Wahrnehmung und Informationsverarbeitung. In einer Welt voller Ablenkungen, sei es durch visuelle Reize, Geräusche oder andere Umwelteinflüsse, ist die Fähigkeit, sich auf relevante Informationen zu konzentrieren, von zentraler Bedeutung für unsere alltäglichen Entscheidungen und Handlungen. Die verschiedenen Theorien zur Aufmerksamkeit, darunter die Modelle von Broadbent, Treisman sowie Deutsch und Deutsch, bieten unterschiedliche Perspektiven auf die Mechanismen, die es uns ermöglichen, wichtige Reize von unwichtigen zu unterscheiden. Broadbents Filtermodell beispielsweise beschreibt einen strikten Selektionsprozess, bei dem nur bestimmte Informationen ins Bewusstsein gelangen, während Treismans Theorie die graduelle Verarbeitung von Informationen hervorhebt und somit die Rolle des Kontextes und der Erfahrung betont (Müller, 2003, S.246-248). Diese Theorien sind nicht nur für das Verständnis der kognitiven Prozesse von Bedeutung, sondern auch für praktische Anwendungen in Bereichen wie beispielsweise der Psychotherapie (Cetin, S.45).

Darüber hinaus zeigen Paradigmen wie die Veränderungsblindheit, dass unsere Wahrnehmung der Umgebung oft ein subjektives Erlebnis ist und nicht alle Reize gleichwertig verarbeitet werden. Dieses Phänomen verdeutlicht, dass wir oft nicht wahrnehmen, was direkt vor uns liegt, was wiederum die Komplexität unserer Aufmerksamkeitsmechanismen und die Herausforderungen bei der selektiven Wahrnehmung verdeutlicht (Müller et al., 2015, S.71). Die vorliegende Arbeit wird sich mit diesen verschiedenen Aspekten der Aufmerksamkeit auseinandersetzen und deren Relevanz in unterschiedlichen Kontexten untersuchen, um ein tieferes Verständnis der kognitiven Prozesse zu fördern, die unser tägliches Leben prägen.

2. Grundlagen der Aufmerksamkeit

Einige der bekanntesten Theorien der Aufmerksamkeit gehen auf Broadbent, Treisman, sowie auf Deutsch und Deutsch zurück. Nach der Filtertheorie von Broadbent erfolgt die Fokussierung auf einen Reiz, indem mehrere gleichzeitig dargebotene Eingangsreize zunächst parallel im sensorischen Speicher erfasst werden. Ein selektiver Filter, der auf physikalischen Merkmalen wie dem Ohr basiert, lässt nur einen der Reize zur weiteren Verarbeitung durch eine zentrale, kapazitätslimitierte Einheit. Ablenkende Reize werden dabei zwar blockiert, verbleiben aber vorübergehend im Speicher für einen möglichen späteren Zugriff.

Diese frühe Selektion verhindert eine Überlastung des Verarbeitungssystems, sodass nur die relevanten Informationen ins Bewusstsein gelangen und ins Langzeitgedächtnis überführt werden können (Müller et. al., 2015, S.11f.).

Broadbents Filtertheorie stieß auf Probleme, da Befunde zeigten, dass nichtbeachtete Informationen dennoch verarbeitet werden können. So konnten Proband*innen beispielsweise ihren eigenen Namen im nichtbeachteten Kanal erkennen, was darauf hindeutet, dass nicht alle Informationen strikt blockiert werden. Zudem wurde festgestellt, dass Informationen im nichtbeachteten Kanal semantisch verarbeitet werden können und die „Interpretation der beachteten Informationen beeinflussen" (Moray, 1959 & Von Wright et al., 1975, zit. nach Müller et. al., 2015, S.12).

Treisman entwickelte daraufhin die Attenuationstheorie, die eine flexible Selektion ermöglicht. Anstatt Informationen nach dem Alles-oder-nichts-Prinzip zu filtern, ist bei dieser Theorie eine leicht gehemmte Weiterleitung von nichtbeachteten Informationen möglich. Die Eingangsinformation wird durch eine Hierarchie von Verarbeitungsstufen analysiert, wobei die Verarbeitungskapazität bestimmt, wie viel Information aus dem nichtbeachteten Kanal verarbeitet wird. In diesem Modell können Wörter oder Konzepte aktiviert werden, wenn ihre Aktivierung eine bestimmte Schwelle übersteigt. Besonders relevante oder häufige Wörter, wie der eigene Name, können sogar bei geringer Aktivierung ins Bewusstsein gelangen (Müller et. al., 2015, S.12f.).

Beide Theorien beschäftigen sich mit der selektiven Aufmerksamkeit und dem Prozess, wie Informationen verarbeitet werden, während sie gleichzeitig mehrere Reize erhalten. Sie gehen davon aus, dass es eine Art Filter oder Selektionsmechanismus gibt, der bestimmt, welche Informationen ins Bewusstsein gelangen.

Der zentrale Unterschied liegt in der Art der Selektion: Broadbents Theorie basiert auf einem Alles-oder-nichts-Prinzip, bei dem nichtbeachtete Informationen vollständig blockiert werden. Treismans Attenuationstheorie hingegen erlaubt eine abgeschwächte Verarbeitung von nichtbeachteten Informationen, was bedeutet, dass diese Informationen teilweise ins Bewusstsein gelangen können, insbesondere wenn sie salient sind oder eine hohe Aktivierung erreichen (ebd.).

Treismans Attenuationstheorie entspricht eher der Realität, da sie zeigt, dass nichtbeachtete Informationen nicht vollständig blockiert werden, sondern bis zu einem gewissen Grad verarbeitet werden können, was durch experimentelle Befunde wie das Erkennen des eigenen Namens im nichtbeachteten Kanal belegt wird. Diese flexiblere Sichtweise reflektiert besser die komplexe Natur menschlicher Wahrnehmung und Aufmerksamkeit in realen Situationen (ebd.).

Sinnesreize gelangen, wie an den oben dargestellten Theorien, nicht ungefiltert in das menschliche Bewusstsein. Es ist festzustellen, dass die Wahrnehmung der Umgebung ein subjektives Erlebnis darstellt. Dieses lässt sich am Paradigma der Choice blindness veranschaulichen. Choice blindness ist ein psychologisches Phänomen, bei dem Menschen nicht bemerken, dass das Ergebnis ihrer Entscheidungen von dem abweicht, was sie tatsächlich beabsichtigt haben. In der Studie von Johansson et al. (2005) wählten Teilnehmer*innen zwischen verschiedenen Gesichtern und mussten anschließend ihre Wahl begründen. In einigen Fällen wurden die Bilder heimlich ausgetauscht, sodass die Teilnehmer*innen eine andere Option beschrieben, als sie ursprünglich gewählt hatten, ohne dies zu bemerken. Nur ein geringer Prozentsatz der Teilnehmer*innen erkannte, dass etwas mit ihrer Wahl nicht stimmte, was zeigt, wie wenig Aufmerksamkeit sie auf die Übereinstimmung zwischen ihren Absichten und den Ergebnissen legen (Johannson, 2006, S.675f.).

Sinnesreize gelangen nach den Theorien von Broadbent, Treisman, sowie Deutsch und Deutsch nicht ungefiltert in unser Bewusstsein. Unsere Wahrnehmung ist subjektiv, da wir oft Entscheidungen und Präferenzen im Nachhinein nicht genau erkennen und Veränderungen darin übersehen. Das Paradigma der Wahlblindheit (choice blindness) zeigt, dass Menschen häufig nicht bemerken, wenn ihre Wahl nachträglich manipuliert wurde, und trotzdem Gründe für diese manipulierte Wahl angeben (Johannson, 2006, S.675f.).

3. Visuelle Aufmerksamkeit und visuelles System

Eine wichtige Funktion bei der Objektsuche stellt die dimensionsbasierte visuelle Aufmerksamkeit dar. In Situationen, in denen Objekte einander stark ähneln, wird die visuelle Aufmerksamkeit durch Merkmale wie Farbe, Form und Größe beeinflusst. Eine häufig genutzte Methode in der Aufmerksamkeitsforschung ist die visuelle Suche. Dabei müssen Proband*innen entscheiden, ob in einer Anordnung von Suchitems ein Zielreiz vorhanden ist oder nicht. Die Reaktionszeiten der Proband*innen werden in Relation zur Anzahl der Suchitems gemessen, was zur Erstellung der Such-Reaktionszeit-Funktion führt. Diese Funktion unterscheidet zwei Suchmodi: Bei der parallelen Suche wird der Zielreiz, der sich durch ein einzelnes Merkmal von den anderen Objekten abhebt, gleichzeitig verarbeitet, während bei der seriellen Suche nach Merkmalskombinationen jedes Item nacheinander geprüft werden muss (Hagendorf et. al., 2011, S.189f.).

Bei der Suche beispielsweise nach dem speziellen Öl im Supermarkt richtet sich die Aufmerksamkeit gemäß der Theorie der dimensionsbasierten visuellen Aufmerksamkeit auf bestimmte visuelle Merkmale. Zunächst konzentriert sich die Aufmerksamkeit auf die

Größe der Flaschen, da vermutet werden kann, dass das Öl zum Beispiel in einer eher kleinen Verpackung ist. Automatisch werden dabei größere Flaschen aus der Wahrnehmung ausgefiltert. Gleichzeitig wird die Aufmerksamkeit auf die Dimension der Farbe gelenkt, da man beispielsweise ein helles Design erwartet. Dunklere Flaschen werden dadurch weniger beachtet. Diese parallele Verarbeitung verschiedener Dimensionen – Größe und Farbe – hilft, die relevanten Flaschen schneller zu erkennen. Zusätzlich kann die Aufmerksamkeit auf besonders auffällige oder salientere Reize gelenkt werden, die vielleicht von der Größe oder Helligkeit stark abweichen, auch wenn diese nicht direkt relevant sind (ebd.).

Salienz stellt dabei ein weiteres relevantes Suchkriterium dar. Der Begriff "Salienz" bezieht sich auf die Auffälligkeit eines Objekts im Vergleich zu seiner Umgebung, wodurch es schneller wahrgenommen wird. Im Fall der Ölflasche wäre diese besonders salient, wenn sie sich durch deutliche visuelle Merkmale wie eine ungewöhnlich helle oder kontrastreiche Farbe, eine auffällige Form oder eine markante Etikettierung von den anderen Flaschen abhebt. Wenn alle Flaschen ähnliche Farben und Größen haben, könnte eine Flasche mit einem leuchtenden Etikett oder einer ungewöhnlichen Verpackungsform sofort ins Auge springen. Diese salienten Merkmale lenken automatisch Ihre Aufmerksamkeit auf die Flasche, sodass sie schneller gefunden werden kann. Je stärker die Flasche sich von den umliegenden Objekten abhebt, desto leichter wird sie wahrgenommen (ebd., S.116f.).

Ist das Öl nun gefunden worden, so findet eine Weiterleitung der visuellen Reize statt. Hieran ist der Thalamus beteiligt. Der Thalamus fungiert als zentrale Schaltstelle für sensorische Informationen, einschließlich visueller Reize. Visuelle Signale aus der Netzhaut werden zunächst zum Thalamus geleitet, wo sie im sogenannten Corpus geniculatum laterale verarbeitet und gefiltert werden. Anschließend leitet der Thalamus die relevanten Informationen an den visuellen Kortex weiter, um die bewusste Wahrnehmung des Objekts, in diesem Fall der Ölflasche, zu ermöglichen (ebd., S.61ff.).

Der Thalamus ist zusätzlich an der Verarbeitung und Weiterleitung von sensorischen Reizen für andere Sinne wie Hören und Tasten beteiligt (Haus, 2010, S.15.).

Der Thalamus spielt eine wesentliche Rolle bei der Regulation der Daueraufmerksamkeit. Über die Erregung der unspezifischen, medialen Thalamuskerne wird die neokortikale Erregung (tonisches Arousal) gesteuert, was beeinflusst, wie lange wir einem Reiz Aufmerksamkeit schenken können. Diese unspezifische Aktivierung des Kortex ist entscheidend für die Aufrechterhaltung einer anhaltenden Wachsamkeit gegenüber sensorischen Reizen (Haus, 2010, S.127).

4. Multiple Sinneseindrücke, Reflexe und Schmerzen

Wie bereits anhand der visuellen Aufmerksamkeit aufgezeigt, sind viele verschiedene Systeme an diesem Prozess beteiligt. So ist dieses auch bei multiplen Sinneseindrücken, Reflexen oder beim Auslösen von Schmerzreizen.

Durch multiple Sinneseindrücke arbeiten verschiedene Sinne zusammen. Das Zusammenwirken von Riechen und Schmecken, auch multisensorische Integration genannt, ist entscheidend für ein differenziertes Geschmackserlebnis. So beeinflussen flüchtige Stoffe des Essens den Geruchssinn, indem sie über den Rachenraum in die Nase gelangen und so den Geschmackseindruck verstärken. Diese enge Verbindung wird durch die Überlappung des sekundären gustatorischen Kortex im orbitofrontalen Kortex mit dem sekundären olfaktorischen Kortex im Gehirn unterstützt. Außerdem tragen Schmerz- und Wärmerezeptoren zur Wahrnehmung von Schärfe, wie bei Pfeffer, bei, obwohl diese Empfindung nicht zu den klassischen fünf Geschmacksqualitäten zählt. Zusätzlich fließen Informationen über Temperatur und Konsistenz, die im primären gustatorischen Kortex (Insula) verarbeitet werden, in das Gesamterlebnis ein, was eine komplexe, multisensorische Bewertung der Nahrung ermöglicht (Schipper, S.58-60, zit. nach Pritzel et al., 2009 & Smith; Boughter, 2007).

Des Weiteren stellt der Schmerzreiz eine überlebenswichtige Funktion des Körpers dar. Beim Verbrennen eines Fingers, wie an einem heißen Topf, aktivieren Nozizeptoren, die spezialisierten Schmerzrezeptoren in der Haut, die auf schädliche thermische Reize reagieren. Diese Rezeptoren wandeln den Reiz in elektrische Signale um, die über afferente Nervenfasern zum Rückenmark geleitet werden. Dort erfolgt eine schnelle Umschaltung auf motorische Neuronen, die einen unbewussten Reflexbogen auslösen, sodass der Finger sofort zurückgezogen wird. Dieser Reflexmechanismus findet statt, bevor das Schmerzsignal den somatosensorischen Kortex erreicht, wo der Schmerz bewusst wahrgenommen und verarbeitet wird. So schützt der Reflex den Körper schnell vor weiteren Schäden, noch bevor der bewusste Schmerz registriert wird (Sendera & Sendera, 2015, S.94; Schipper, S.64f., zit. nach Grundwald & Beyer, 2013, Sendera & Sendera, 2015).

Die Aussage „Der Schmerz entsteht im Kopf" stellt dar, dass der Schmerz nicht direkt durch den schädlichen Reiz verursacht wird, sondern durch die Verarbeitung im Gehirn. Der eigentliche Schmerz entsteht erst im Gehirn, nachdem die Schmerzinformationen von Nozizeptoren über das Rückenmark und den Hirnstamm zum Thalamus geleitet werden. Der Thalamus fungiert als eine Art Schaltstelle und verteilt die Schmerzimpulse an verschiedene Hirnareale, darunter die somatosensorische Hinterrinde, wo die sensorischen Informationen lokalisiert und als Schmerz interpretiert werden. Ein zentrales Schmerzzentrum ist die Insula, die eng mit der emotionalen Wahrnehmung von Schmerz verbunden ist. Eine Zerstörung dieses Bereichs führt dazu, dass Verletzungen nicht mehr als schmerzhaft empfunden werden. Die Intensität und emotionale Qualität des Schmerzes wird im anterioren cingulären Kortex (ACC) verarbeitet, der ebenfalls die Aufmerksamkeit auf den Schmerz lenkt oder davon ablenkt, was erklärt, warum die Wahrnehmung von Schmerz durch unsere Aufmerksamkeit verstärkt oder abgeschwächt werden kann (Schaible et. al., 2019, S.676).

5. Emotionen und subjektive Wahrnehmung

Durch verschiedene Sinneseindrücke können im Körper unterschiedliche Emotionen entstehen. So können auch unterschiedliche Bewertungen auf dieselbe Musik von Personen gezeigt werden.

Die emotionale Bewertung von Musik erfolgt durch das limbische System, das eine zentrale Rolle bei der Verarbeitung von Emotionen und Gedächtnisinhalten spielt. Wichtige Strukturen dieses Systems sind die Amygdala, die für die Verarbeitung von Emotionen wie Freude und Angst zuständig ist und der Hippocampus, der Erinnerungen speichert und emotionale Inhalte mit auditiven Reizen verknüpft. Der Gyrus cinguli reguliert Emotionen und verarbeitet soziale Informationen, während der Nucleus accumbens Teil des Belohnungssystems ist und positive Emotionen erzeugt. Insgesamt ermöglicht das limbische System die emotionale Verarbeitung, Gedächtnisbildung und Belohnungsverarbeitung, was die unterschiedlichen Reaktionen auf dasselbe Lied erklärt. Dieses verdeutlicht, wie eng Emotionen mit Erinnerungen miteinander verknüpft sind (Dicke, 2020, S.22-27).

Trotz der großen Fortschritte der Forschung in den kognitiven Neurowissenschaften lassen sich nicht alle emotionalen Zustände anhand der neuronalen Strukturen erklären. Hier ist der Begriff der „Qualia" von Bedeutung.

Der Begriff „Qualia" bezieht sich auf die individuellen und subjektiven Wahrnehmungserlebnisse, die jeder Mensch hat, wie zum Beispiel die Empfindung einer bestimmten Farbe oder das Gefühl einer speziellen Stimmung. Diese phänomenalen Eigenschaften mentaler Zustände sind einzigartig und nicht vollständig durch neuronale Strukturen oder Prozesse erklärbar (Dennett, 1993, S.17).

Ein Beispiel für Qualia ist der Anblick der Farbe Rot. Während eine Person die Farbe, als leuchtend und voller Energie wahrnimmt, was Erinnerungen an Leidenschaft und Freude hervorruft, könnte eine andere Person die gleiche Farbe als unbehaglich oder aggressiv empfinden. Diese subjektiven Erlebnisse verdeutlichen, dass Qualia eine Dimension der menschlichen Erfahrung darstellen, die über objektive Messungen hinausgeht (ebd.).

6. Störungen der Aufmerksamkeit

Aufmerksamkeitsstörungen betreffen die Fähigkeit, Reize und Eindrücke aus der Umwelt gezielt zu verarbeiten und sich auf diese zu konzentrieren. Wenn Personen zum Beispiel in Gesprächen zusammenhanglose Fragen stellen, andere unterbrechen und sehr viel und schnell sprechen könnte dieses Verhalten auf eine Hyperkinetische Störung, wie auf ADHS oder ADS, hindeuten. Menschen mit ADHS/ADS haben nach Definitionskriterien des DSM-V oder ICD-10 häufig Schwierigkeiten, ihre Aufmerksamkeit zu steuern und sich auf bestimmte Themen zu konzentrieren. Dies kann dazu führen, dass sie bei Gesprächen oft Themenwechsel oder unterbrochene Gespräche nicht wahrnehmen und stattdessen impulsiv ihre eigenen Gedanken und Fragen einbringen (Fegert & Kölch, 2020, S.10-12).

Darüber hinaus sind sie möglicherweise weniger sensibel für soziale Hinweise, die signalisieren, dass andere Gesprächsteilnehmer*innen ebenfalls zu Wort kommen möchten. Diese Kombination aus impulsivem Verhalten und Schwierigkeiten bei der Aufmerksamkeit kann zu Irritationen in sozialen Situationen führen, da sie den Fluss des Gesprächs stören und den Eindruck erwecken, dass sie die Meinungen und Gefühle der anderen ignorieren (Gawrilow, 2009, S.38-41).

Die Ursachen der Aufmerksamkeitsdefizit-Hyperaktivitätsstörung (ADHS) sind vielfältig und umfassen genetische, neurophysiologische, neuropsychologische und psychosoziale Faktoren, wie in Abbildung 1 dargestellt. Genetische Einflüsse spielen eine zentrale Rolle. Studien zeigen eine erhöhte Häufigkeit von ADHS-Symptomen bei nahe Verwandten und hohe Konkordanzraten bei monozygoten Zwillingen von 50 bis 80 Prozent (Fegert & Kölch, 2020, S.13; Gawrilow, 2009, S.19-23).

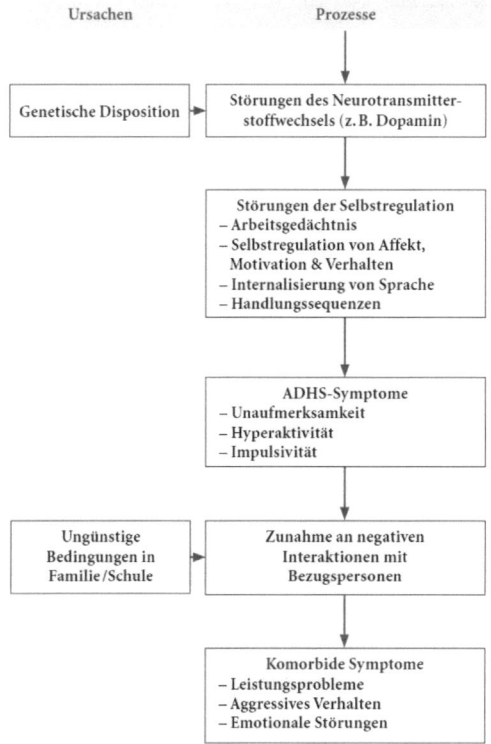

Neurophysiologische Untersuchungen zeigen, dass das kortikal-striatale Netzwerk, dysfunktional arbeitet, was durch eine gestörte Dopaminregulation bedingt ist. Es gibt weniger verfügbares Dopamin und/oder Dopaminrezeptoren, was die Signalübertragung beeinträchtigt. Diese Funktion führt zu einem Inhibitionsdefizit. Auch neuropsychologische Faktoren sind relevant, insbesondere Einschränkungen der exekutiven Funktionen, die Impulskontrolle und Selbstregulation betreffen. Psychosoziale Faktoren verstärken die Symptome, indem negative Interaktionen in der Familie oder Schule entstehen. Im biopsychosozialen Modell wird deutlich, dass genetische Prädispositionen und ungünstige soziale Bedingungen zusammenwirken, um die ADHS-Symptomatik zu beeinflussen (Gawrilow, 2009, S.19-23).

Die Behandlung von ADHS im Erwachsenenalter erfolgt in der Regel durch eine Kombination von medikamentösen und psychotherapeutischen Ansätzen. Eine gängige medikamentöse Therapie nutzt Stimulanzien wie Methylphenidat oder Amphetamine, die helfen, die Symptome der Unaufmerksamkeit, Impulsivität und Hyperaktivität zu reduzieren, indem sie die Dopamin- und Noradrenalinspiegel im Gehirn erhöhen.

Psychotherapeutische Maßnahmen, insbesondere Verhaltenstherapie, sind ebenfalls entscheidend, um Strategien zur Selbstorganisation, Stressbewältigung und Impulskontrolle zu erlernen (Kölch & Fegert, 2020, S.17-20).

7. Wahrnehmungstagebuch

Tag 1

Beim Einkaufen in einem Supermarkt können verschiedene Obstsorten betrachtet werden und besonders auf deren Farben und Frische geachtet werden, um die besten auszuwählen. Hierbei wird der primäre visuelle Kortex (V1) aktiviert, der für die Verarbeitung visueller Informationen verantwortlich ist. Dieser Bereich des Gehirns spielt eine zentrale Rolle bei der Abbildung von Kanten, Bewegungsrichtungen und der Sortierung der visuellen Eindrücke aus beiden Augen. Durch die Aktivierung des V1 werden die Farben und Formen der Früchte analysiert, sodass die Frische und Qualität visuell eingeschätzt werden kann. Der primäre visuelle Kortex ist dabei Teil eines umfassenden visuellen Verarbeitungssystems, das höhere Kortexareale umfasst. Diese spezialisierten Areale, wie V2 oder V4 ermöglichen es, die visuellen Informationen weiterzuverarbeiten und die unterschiedlichen Obstsorten präzise zu erkennen und zu bewerten (Schipper, S.43f., zit. nach Felleman & Essen, 1991; Gegenfurtner, 2015).

Tag 2

Beim Genießen eines Stücks dunkler Schokolade kann bewusst auf die unterschiedlichen Geschmackseindrücke wie Süße, Bitterkeit und Cremigkeit geachtet werden. Diese Wahrnehmungen werden über die Hirnnerven VII, IX und X im primären gustatorischen Kortex verarbeitet, der sich im Inselkortex (der Insula) befindet und die erste Station der Geschmacksverarbeitung darstellt. Von dort gelangen die Signale zum sekundären gustatorischen Kortex im orbitofrontalen Kortex, der die Geschmäcker weiter differenziert und bewertet. Da der sekundäre gustatorische Kortex teilweise mit dem sekundären olfaktorischen Kortex überlappt, wird klar, wie eng Schmecken und Riechen miteinander verbunden sind. Der Geruchssinn beeinflusst stark, wie der Geschmack der Schokolade wahrgenommen wird, was die Komplexität dieses sensorischen Erlebnisses intensiviert und zeigt, wie die Sinne zusammenarbeiten (Schipper, S.59f., zit. nach Smith & Boughter, 2007).

Tag 3

Während eines Familientreffens kann zum Beispiel ein Lieblingsgericht aus der Kindheit gegessen werden, was starke Gefühle der emotionalen Verbundenheit und Freude auslöst. Diese Reaktion wird von der Amygdala gesteuert, die eine zentrale Rolle bei der Verarbeitung von Emotionen spielt, insbesondere in Bezug auf Angst und Freude. Die Amygdala speichert emotionale Erinnerungen und wird durch die positiven Assoziationen mit dem vertrauten Gericht aktiviert. Dadurch wird die emotionale Reaktion verstärkt, indem sie die Erinnerungen an die glücklichen Momente mit der Familie lebendig macht. Als Teil des limbischen Systems verbindet die Amygdala emotionale Erlebnisse mit physiologischen Prozessen und verdeutlicht, wie Geschmackserlebnisse starke emotionale Erinnerungen hervorrufen und intensivieren können (Dicke, 2020, S.27f.).

Tag 4

Wenn hungrig auf ein Essen gewartet wird, wird ein starkes Appetitgefühl deutlich und bemerkt, wie die Vorfreude auf das bevorstehende Essen steigt. Verantwortlich für dieses Gefühl ist der Hypothalamus, der das Hungergefühl und die Sättigung reguliert, indem er Hormone wie Ghrelin, das Hunger auslöst, und Leptin, das Sättigung signalisiert, freisetzt. Durch das Hungersignal des Hypothalamus wird das Verlangen nach Nahrung verstärkt, was die Wahrnehmung auf das Essen fokussiert und die Vorfreude intensiviert. Der Hypothalamus ist zudem mit dem limbischen System und dem autonomen Nervensystem verbunden, was sowohl die physiologischen als auch emotionalen Aspekte des Essens beeinflusst (Dicke, 2020, S.36-39).

Tag 5

Während in der Küche gekocht wird, nimmt man die intensiven Aromen der Gewürze und Zutaten wahr, die verwendet werden. Dabei wird der olfaktorische Kortex aktiv, der für die Verarbeitung von Gerüchen verantwortlich ist und ermöglicht, die verschiedenen Düfte zu erkennen und zu unterscheiden (Dicke, 2020, S.22f.; Hagendorf, 2011, S.154f.). Diese Aktivität steigert die Vorfreude auf das fertige Gericht, da der Geruchssinn eng mit dem Appetit verknüpft ist. Der olfaktorische Kortex steht in enger Verbindung mit dem limbischen System, was erklärt, warum Gerüche oft emotionale Reaktionen und Erinnerungen hervorrufen können, die das gesamte Esserlebnis beeinflussen (Hagendorf, 2011, S.154f.).

Nach der Verknüpfung der beschriebenen Situationen mit meinem psychologischen Wissen wird deutlich, wie eng physiologische Prozesse und Sinneswahrnehmungen im Alltag miteinander verknüpft sind. So ermöglicht der primäre visuelle Kortex (V1) durch komplexe neuronale Mechanismen, wie der Verarbeitung von Kanten, Farben und Bewegungen, die visuelle Einschätzung der Frische von Lebensmitteln (Schipper, S.43f., zit. nach Felleman & Essen, 1991; Gegenfurtner, 2015). Das Geschmackserlebnis bei der Schokolade wird durch die Aktivierung des gustatorischen Kortex und dessen enge Interaktion mit dem olfaktorischen Kortex wesentlich differenzierter wahrgenommen, da Geruchs- und Geschmackswahrnehmungen eng miteinander korrelieren (Schipper, S.59f., zit. nach Smith & Boughter, 2007).

Die emotionale Reaktion beim Verzehr eines Kindheitsgerichts veranschaulicht, wie stark die Amygdala in die Verarbeitung von Emotionen und Erinnerungen involviert ist. Diese Struktur verstärkt emotionale Erlebnisse und trägt zur Verknüpfung von Nahrungsaufnahme und positiven Erinnerungen bei (Dicke, 2020, S.27f.). Der Hypothalamus wiederum reguliert essenzielle körperliche Bedürfnisse wie Hunger und Sättigung durch die Ausschüttung von Hormonen wie Ghrelin und Leptin und beeinflusst gleichzeitig emotionale Reaktionen auf das Essen. Dies zeigt, dass physiologische und emotionale Prozesse stark ineinandergreifen (ebd., S.36-39).

Die Geruchswahrnehmung beim Kochen verdeutlicht durch die Aktivierung des olfaktorischen Kortex, wie eng der Geruchssinn mit dem limbischen System und somit auch mit emotionalen Reaktionen und Erinnerungen verbunden ist (ebd., S.22f.; Hagendorf, 2011, S.154f.). Insgesamt hat die Anwendung des psychologischen Wissens dazu geführt, dass ich die beschriebenen Alltagssituationen aus einer tieferen, wissenschaftlichen Perspektive wahrnehme, wobei die enge Verflechtung von Sinneswahrnehmungen, emotionalen Reaktionen und physiologischen Prozessen hervorgehoben wird.

8. Literaturverzeichnis

Cetin, T. (kein Datum). *Mechanismen der Aufmerksamkeit* (Bd. GPSYH09). Bremen: Apollon Hochschule der Gesundheitswissenschaften.

Dennett, D. (1993). Quining Qualia. In A. Goldman, *Readings in Philosophy and Cognitive Science.* The MIT Press. doi:https://doi.org/10.7551/mitpress/5782.001.0001

Dicke, U. (2020). Die funktionelle Neuroanatomie des limbischen Systems. In G. Roth, A. Heinz, & H. Walter, *Psychoneurowissenschaften* (S. 15-54). Heidelberg: Springer Spektrum Berlin. doi:https://doi.org/10.1007/978-3-662-59038-6

Gawrilow, C. (2009). *ADHS* (1 Ausg.). München: Ernst Reinhardt, GmbH & Co KG.

Hagendorf, H., Krummenacher, J., Müller, H.-J., & Schubert, T. (2011). *Wahrnehmung und Aufmerksamkeit.* Heidelberg: Springer Verlag.

Haus, K.-M. (2010). *Neurophysiologische Behandlungen bei Erwachsenen. Grundlagen der Neurologie, Behandlungskonzepte, Alltagsorientierte Therapieansätze.* Berlin: Springer Verlag.

Johannson, P., Hall, L., Silkström, S., Tärning, B., & Lind, A. (Dezember 2006). How something can be said about telling more than we can know: On choice blindness and introspection. *Consciousness and Cognition, 15*(4), 673-692. doi:10.1016/j.concog.2006.09.004

Kölch, M., & Fegert, J. (2020). Aktivitäts- und Aufmerksamkeitsstörung. In M. Kölch , M. Rassenhofer, & J. Fegert, *Klinikmanual Kinder- und Jundpsychiatrie und Psychotherpaie* (3 Ausg., S. 9-39). Heidelberg: Springer Verlag Berlin. doi:https://doi.org/10.1007/978-3-662-58418-7

Müller, H. (2003). Funktionen und Modelle der selektiven Aufmerksamkeit. In H. Karnath, & P. Thier, *Neuropsychologie. Springer-Lehrbuch* (S. 245–257). Berlin, Heidelberg: Springer Verlag. doi:https://doi.org/10.1007/978-3-662-08957-6_22

Müller, H., Krummenacher, J., & Schubert, T. (2015). Limitationen der selektiven visuellen Aufmerksamkeit. In H. J. Müller, J. Krummenacher, & T. Schubert, *Aufmerksamkeit und Handlungssteuerung- Grundlagen für die Anwendung* (S. 69-74). Berlin, Heidelberg: Springer Verlag. doi:https://doi.org/10.1007/978-3-642-41825-9_8

Müller, H., Krummenacher, J., & Schubert, T. (2015). Perzeptive selektive
    Aufmerksamkeit. In H. Müller, J. Krummenacher, & T. Schubert,
    Aufmerksamkeit und Handlungssteuerung- Grundlagen für die Anwendung
    (S. 9-14). Berlin, Heidelberg: Springer Verlag. doi:10.1007/978-3-642-41825-
    9

Schaible, H.-G. (2019). Nozizeption und Schmerz. In R. Brandes, F. Lang, & R.
    Schmidt, *Physiologie des Menschen mit Pathopsychologie* (32 Ausg., S.
    666-682). Heidelberg: Springer Verlag. doi:https://doi.org/10.1007/978-3-
    662-56468-4

Schipper, M. (kein Datum). *Grundlagen der Sinnesphysiologie und
    Wahrnehmungspsychologie* (Bd. GPSYH08). Bremen: Apollon Hochschule
    der Gesundheitswirtschaft.

Sendera, M., & Sendera, A. (2015). *Chronischer Schmerz. Schulmedizinische,
    komplementärmedizinische und psychotherapeutische Aspekte.* Wien:
    Springer Verlag. doi: 10.1007/978-3-7091-1841-2